AF227000

# LES
# ÉTATS D'ARMAGNAC

## EN 1631-1632

## PAR A. BRANET

AUCH

IMPRIMERIE LÉONCE COCHARAUX

RUE DE LORRAINE

1913

# LES ÉTATS D'ARMAGNAC

## EN 1631-1632

Extrait du *Bulletin* de la Société Archéologique du Gers

# LES
# ÉTATS D'ARMAGNAC

## EN 1631-1632

## PAR A. BRANET

AUCH

IMPRIMERIE LÉONCE COCHARAUX

RUE DE LORRAINE

—

1913

# LES
# ÉTATS D'ARMAGNAC

## EN 1631-1632

Si l'on possède déjà un certain nombre de procès-verbaux de séances des États d'Armagnac à diverses époques, nous ne croyons pas que le mécanisme de leur fonctionnement soit connu. La découverte d'une liasse conservée aux Archives du Gers (série C supplément) nous donne une suite de pièces permettant de combler cette lacune. Ces pièces se rapportent toutes aux années 1631 et 1632, c'est-à-dire à une époque où cette institution avait bien perdu de son importance. Cependant, il semble bien que nous soyons là en présence de formes traditionnelles remontant à d'autres temps. Nous croyons ces documents dignes d'être publiés, parce qu'il y a de grandes chances pour qu'ils aient seuls subsisté de tant d'autres similaires qui se sont succédé durant des centaines d'années. Ils forment un ensemble qui donnera une idée suffisante de la marche suivie pour la convocation et la réunion des députés du pays.

En 1631, nous ne sommes plus au temps où les États étaient l'un des principaux rouages de l'administration. L'autonomie des domaines d'Armagnac, déjà affaiblie au cours du XVI<sup>e</sup> siècle, a reçu un coup fatal par l'accession d'Henri IV au trône. Du vivant même de celui-ci, la tendance à l'unification se manifeste par la création du bureau de l'élection d'Armagnac destiné à remplacer les États dans la répartition et la levée des impositions (1608)[1]. En 1611, les États se réunissent, suivant la coutume immémoriale, et il est question d'obtenir moyennant finance la suppression des élus. Il faut reconnaître que l'empressement n'est pas grand, et c'est l'absence « des principaux des collectes « qui fait renvoyer la délibération au mois suivant », retard qui permet à M. le prince de demander, de recevoir des instructions et de faire « inhibition et deffenses... de faire aulcune assemblée « sans permission expresse du roy[2] ». C'est la fin de la périodicité des assemblées. Un moment supprimées, les élections furent rétablies en 1622, malgré les protestations des États[3].

Ceux-ci ne peuvent plus se réunir qu'accidentellement, et, n'ayant plus à s'occuper de la levée des impôts, ils en sont réduits à de vaines et impuissantes remontrances sur les agissements des officiers royaux. La nécessité d'obtenir l'autorisation de se réunir leur enlève toute autorité et toute réelle utilité. Bien entendu, cette autorisation ne leur est accordée que pour ne pas amener une révolution trop brusque qui aurait pu choquer violemment les habitudes du pays.

La demande d'autorisation était adressée au gouverneur de la province par le syndic du pays et recette, en spécifiant l'objet de la réunion et les questions qui y seraient traitées. L'autorisation portait défense expresse de traiter d'autres affaires. Le clergé ne prenait pas part à ces réunions, ayant ses assemblées particulières et son syndic. L'autorisation obtenue était communiquée par le juge-mage, sans doute lieutenant du sénéchal, aux syndics de la noblesse et aux consuls des villes capitales des sept

---

[1] Journal de Jean de Soles.
[2] Id.
[3] Id.

collectes composant le pays ou recette : Auch, Vic, Jegun, Fezensaguet, Éauzan, Bas-Armagnac, Rivière-Basse. Le juge-mage fixait dans sa convocation la date de l'assemblée.

Les consuls de chaque capitale de collecte prévenaient les villes et lieux de son ressort qu'ils eussent à envoyer leurs délégués près d'eux, à une date qu'ils fixaient. Pour la noblesse, elle avait un syndic par collecte. Bernard de Pardaillan, seigneur de Saint-Jean-Poutge, se qualifie cependant de syndic de la noblesse de Fezensac. Parfois, le syndic de la noblesse convoquait son ordre chez lui ou chez quelqu'un des gentilshommes de la collecte, parfois les deux ordres se réunissaient ensemble pour désigner chacun ses députés.

Au jour dit, les députés des « propriétés » se rendaient au chef-lieu et là, sans doute comme à Vic, le crieur public les avertissait sur la place de l'heure à laquelle ils devaient se rendre à la maison commune. Le premier consul du chef-lieu de la collecte présidait en présence d'un magistrat royal et lisait la lettre de convocation du juge-mage. Ensuite s'ouvrait une discussion où chaque délégué pouvait apporter son avis et faire des observations sur les points qui lui paraissaient intéresser plus particulièrement la collecte. Procès-verbal était dressé et inscrit sur le livre de la collecte par le greffier de la même collecte. Des députés étaient désignés pour les deux ordres et il leur était délivré des pouvoirs parfois restreints, avec mandat impératif. Des frais de déplacement leur étaient adjugés sur les fonds de la collecte, qui devaient leur être payés par le receveur, ce qui montre que tout pouvoir de recouvrer quelques impôts et d'en gérer le produit n'avait pas encore disparu. Souvent, bien des communautés se désintéressaient de ces assemblées des collectes. Aucun quorum n'était prescrit pour que les délibérations et élections fussent valables. Nous voyons même en Rivière-Basse deux personnes seules, le premier consul de Castelnau et le syndic de la noblesse, procéder au choix d'un député, les inondations, débordements et autres inconvénients ayant empêché les délégués de se rendre à deux convocations successives.

Les députés, munis de leurs pouvoirs, se rendaient dans la ville où ils étaient convoqués. Anciennement, cette ville était choisie parmi celles de la recette, sans qu'il paraisse y avoir eu de préférence. Au commencement du XVIIe siècle, nous voyons encore les États réunis à Lectoure qui, quoique siège de la sénéchaussée, ne fait pas partie de l'Armagnac. Plus tard, l'usage s'était établi de ne plus réunir les États qu'à Auch. L'endroit où ils s'assemblaient variait aussi. Ils se réunirent dans la mirande ou tinel de l'archevêché, à la maison commune, enfin dans l'église des Cordeliers, hors des murs de la ville. C'est dans ce dernier local que devait aussi se faire l'élection des députés aux États généraux, en 1789.

Le juge-mage qui avait convoqué l'assemblée la présidait, assisté d'un magistral royal, toujours, sans doute, comme représentant du sénéchal. Les pouvoirs des députés étaient soumis aux États, qui paraissent avoir joui du droit d'approuver ou de désapprouver la forme dans laquelle avaient été faites les élections. C'est ainsi qu'en 1632, dans la collecte de Vic, Bernard de Pardaillan, syndic de la noblesse, ayant en cette qualité reçu la convocation du juge-mage, réunit à Castillon-de-Bats les propriétés de la collecte, sous prétexte que celle-ci avait un procès pendant contre la ville de Vic, de sorte que personne ne se rendit à la réunion convoquée à Vic par les consuls de cette ville qui se virent ainsi exclus de l'élection des députés. Ils protestèrent et envoyèrent des députés porter leur protestation aux États. Ceux-ci décidèrent que les anciens usages de la convocation et de la réunion au chef-lieu de la collecte devaient être maintenus, sous peine de nullité.

Le président rappelait l'objet de l'assemblée, puis on lisait le procès-verbal de l'assemblée précédente et l'ordonnance du gouverneur autorisant la réunion. Il ressort des pièces que nous publions que les États n'étaient pas absolument exclus de toute participation à l'administration financière. Il est question des « deniers de la recette et du compte rendu au pais ». Les États devaient aussi nommer le syndic du pays et recette qui les représentait dans l'intervalle des réunions et sollicitait l'autorisation de ces réunions.

Lorsque l'heure obligeait à lever la séance, on fixait le moment où les députés se réuniraient de nouveau.

Nous ignorons comment étaient tenues les archives des États et si les procès-verbaux de leurs séances, dressés par un notaire, étaient inscrits sur le « livre de la recette », comme ceux des assemblées de collecte l'étaient sur le « livre de collecte ». Dans tous les cas, l'existence d'un greffier de la recette ne nous est pas indiquée.

Le sujet le plus habituel des délibérations était évidemment les questions financières, les plaintes contre les agissements des agents fiscaux chargés de lever les contributions ordinaires et extraordinaires. En 1632, il est question des sommes levées par Simon Groutz pour la subsistance du régiment de Picardie, lors du siège de Montauban par M. le prince, en 1628. Simon Groutz avait pour caution un officier de l'élection, Gaillard de Lespine. Un procès en restitution contre ces commis était engagé devant diverses juridictions. Le cahier des réclamations de la recette avait été dressé par M. de Chavailhe, avocat du roi en l'élection, ce qui semble indiquer qu'à cette époque au moins les États exerçaient quelque contrôle sur ce tribunal et que celui-ci ne les avait pas immédiatement remplacés dans toutes leurs attributions.

## Année 1631.

### I.

#### COLLECTE DE BAS-ARMAGNAC.

L'an 1631 et le 20ᵉ du mois de septembre, dans la ville de Nogaro, au parquet d'icelle, Bas-Armagnac, estans assemblés en corps de collecte M. Pierre Luzarey, juge et magistrat aud. pays, M. Jean Destouet, procureur du roy, Pierre Samuel Combes, consul et député de la présente ville de Nogaro, Bernard Bergès, sʳ de Monjau, député de la ville d'Aignan, Jacques Destalenx, consul et député du Houga, et avec luy M. Ramond Dubosc, notaire, Jean Fillau, député de la ville de Riscle, Pierre Saint-Pierre, député de Plaisance, par led. juge a esté remonstré comme par missive de M. le président juge mage d'Armagnac du 17 du présent mois adressée au syndic et consuls de la présente ville estant advertis de la convocation générale de la recepte résolue dans la ville d'Aux pour le 23 du courant, suivant la permission accordée par Mᵍʳ le duc d'Espernon, gouverneur et lieutenant général pour le roy en Guienne, il aurait esté envoyé coupie de ceste missive aux propriétés de ceste collecte avec prière de se rendre ce jourdhuy en la présente ville pour députer à l'assemblée générale, requérant à cause de ce à pourvoir à lad. députation où led. président et juge mage fait entendre qu'il sera traité des moyens et expédiens qui peuvent estre prins pour arester les exactions et insultes qui sont faites sur ceste recepte, tant par les officiers que receveur contre les édits de sa majesté et règlemens des cours souverenes, suivant les dénonciations qui en ont esté faites devant M. de Vertamon, intendant de la justice en Guienne, le subjet de lad. assemblée ne pouvant estre cogneu que comme très important pour le soulagement public, lad. députation est aussi très nécessaire.

Sur quoi, par commune délibération desd. assistans, sur consentement dud. procureur du roy, Mʳˢ Jacques Destalens et Raymond Dubosc, députés du Houga, ou l'un d'eux en l'absence de l'autre, auroint esté priés d'accepter lad. députation et se pourter à ces fins dans la ville d'Aux pour se trouver à lad. assemblée de recepte convoquée dans lad. ville d'Aux pour le 23 du courant et en icelle prendre les résolutions et délibérations nécessaires pour le bien et utilité de cette collecte, de quoi il leur est donné pouvoir par la présente.

En foi de quoi lesd. juge et procureur du roy se sont signés à l'original du présent acte, ainsi avec lesd. consuls et députés et moy notaire royal qui l'aurois retenu et me suis signé :

TINARRAGE, not.

A suite de lad. délibération, auroict esté arresté que pour les frais de lad. députation, il serait prins des biens privés de la collecte la somme de 15 livres pour chascun desd. députés, sans privilège des adjoustes selon que le cas eschara, laquelle somme le sieur de Labaune ou le receveur qui est à présent en exercice est prié de leur fournir des deniers et du fond qu'il tient de lad. collecte, laquelle dite somme luy sera alouée en raportant quitance desd. députés qu'ils sont.

En foi de quoi encore signé avec lesd. officiers et moy :

TINARRAGE, not.

## II.

### COLLECTE DE JEGUN.

L'an 1631 et le 21ᵉ jour du mois de septembre, dans la maison commune de la ville de Jegun, assemblés pour délibérer des affaires de la collecte dud. Jegun, sellon le bon plaisir du roy et utilité publique, sçavoir Mᵉ Jean Peyret docteur et lieutenant de M. le juge de Fezensac au siège de la présente ville, pour la noblesse messieurs de Castillon et de Poy, pour lad. ville, messieurs Arnaud Guilhem Espiet, Bernard Dubonec et Jean Espiet, assistés de nobles Arnauld Guilhem Espiet, sʳ d'En Mauret, Blaise d'Auxion, sʳ du Brostana, M. Jean Lamothe, substitut du procureur du roy aud. siège et plusieurs autres habitans de lad. ville; pour Lavardens, M. Jean Courtade, député; pour le lieu du Castéra, Frix Plantevigne, consul, et François Aunoy, député; pour Roquelaure, Dominique Boutan, consul; pour Biran, Pierre Mesplès, pour Cézan, Anthoine Pruet, consul; pour Verduzan, Jan Saint-Martin et Alexandre Gramont, consuls, et nul des autres lieux de lad. collecte, bien qu'ils ayent esté deuement advertis, suyvant la coustume, entre autres a comparu led. Espiet, premier consul dud. Jegun, qui a proposé que M. le juge mage leur auroit escript et envoyé coppie du cayer des remonstrances contenens divers excès et surcharges qui se lèvent en ceste recepte, dressées par M. Estienne Chabailhes, advocat du roy en l'eslection, le tout tendent à y porter de remèdes par une délibération universelle prise en l'assemblée de la recepte. A cet effet led. sieur escript de députer pour se rendre dans la ville d'Aux le 20ᵉ du courant.

Sur quoi a esté délibéré de comune voix lesquelles recueillies par led. sieur Peyret, lieutenent, que messieurs de Castilhon, de Pouy et Despiet, sʳ de Mauret, sont priés de se rendre en l'assemblée convoquée dans la ville d'Aux le 23ᵉ du courant, avec pouvoir de se joindre avec le reste de l'Armaguac à la charge que ce soit sans intenter aulcune instance ny consentir à aulcune qui pourrait estre intentée entre parties ny consentir à aulcune députation pour raison de cest affaire.

Ainsi délibéré par les susd. signés ceulx qui ont sceu à l'original saufz. led..... qui a refuzé et moy le greffier :

Espiet, greffier de lad. collecte.

## III.

### RÉUNION DES ÉTATS A AUCH.

Dans le couvent des Révérends Pères Cordeliers de la ville et citté d'Aux, ce jourd'huy mercredy 24ᵉ du mois de septembre 1631, assemblés par permission de Mᵍʳ d'Espernon, duc et pair de France et gouverneur pour le roy en Guyenne, par devant M. Mᵉ Samuel Delong, président et juge-mage en la séneschaussée d'Armagnac, les députés de la noblesse et tiers état de la recepte d'Armaignac.

Sçavoir pour la ville et collecte d'Aux : MM. Mᵉ Arnauld Destarac, conᵉʳ du roy, son juge et magistrat royal au comté de Fesensac, et Jean de Verdun, docteur ez droicts, premier consul et assesseur de lad. ville.

Pour la ville et collecte de Vic-Fezensac : noble Jacques de Verdusan, sᵍʳ de Miran ; Bernard de Pardeillan, sᵍʳ de Sᵗ-Jean-Poutge, syndic de la noblesse de lad. collecte ; MM. Charles Lébé, consul de la ville de Vic ; Bertrand Brunet, docteur, sʳ de Pimbat ; Jean de Baulat, sʳ de Carchet, et Mᵉ Jean Deville, docteur.

Pour la ville et collecte de Jegun : nobles Jacques de Maignaut, s<sup>r</sup> de Castillon, et George de Larocque, s<sup>r</sup> de Pouy, et Arnauld Despiet, s<sup>r</sup> de Mauret.

Pour la ville et collecte du Bas-Comté-d'Armagnac, M<sup>e</sup> Jacques Destalens et Raymond Dubosc.

Pour la collecte d'Auzan, le s<sup>r</sup> Bernard Moncau.

Pour la collecte de Fesensaguet, M<sup>e</sup> Dominique de Labault, consul de Monfort, et Arnauld Souriguère, consul de Touget, dépputés; nobles Jean de Larrocan, s<sup>r</sup> du Pin; Gilles de Pressac, s<sup>r</sup> d'Esclignac.

Pour la collecte de Rivière-Basse, Pierre Baccarère, consul de la ville de Castelnau-Rivière-Basse, députté.

En présence de M<sup>e</sup> Bernard Sancetz, docteur, procureur du roy aud. comté de Fesensac.

En laquelle assemblée, par led. juge-mage a esté représenté comme par l'ordre de M<sup>gr</sup> d'Espernon, il a prié les assemblées de se trouver en ceste ville pour, en corps de recepte, délibérer sur le subiect de la requeste présentée aud. seigneur par les consuls de la ville d'Aux, comme capitale de la recepte, concernant un cayer de remonstrances qui leur a esté cy devant remis ez mains par l'advocat du roy en l'élection d'Armaignac, contenant plusieurs abus quy se sont glissés dans les despartements faicts par MM. les éleus sur cette recepte, et d'aultant que, par l'exposition dud. cayer, il appert comme plusieurs et divers ont esté imposés et levés, à la grande foule du peuple et créé ung notable excès du pouvoir desd. esleus, auroict par lad. assemblée voullen examiner présentement les articles dud. cayer sur iceulx considérer l'ordonnance donnée par M. de Verthamond, intendant de la justice en Guyenne, où lesd. esleus sont quasy forcés de confesser la pluspart desdits articles et, pour voir veue plus claire et facile intelligence d'iceulx, comme y a paru beaucoup de choses quy se sont passées dans le bureau et au secret cabinet desd. esleus et, par conséquent, moins cognus à d'autres que ceulx quy sont de leur corps, comme est led. advocat du roy, y prie l'assemblée de délibérer s'ils trouvent à propos de l'ouyr sur le mérite et exposition desd. articles par le menu.

Sur quoy a esté délibéré que le sieur Chavailhe, advocat du roy en lad. eslection, sera prié, à la diligence de sieurs consuls d'Aux de se trouver à tantost en l'assemblée pour de vive voix avoir une pleinière instruction sur lesd. articles par led. s<sup>r</sup> commissaire, lesd. assemblés sont priés de se trouver en le mesme lieu à deux heures de ce jour.

Lad. heure de deux dud. jour advenue dans led. couvent par

devant led. sieur juge mage, assemblés lesd. sieurs députés et ouy led. sieur de Chavailhe sur chascun desd. articles par le menu, ayant lesd. assemblés recognu les abuz, excès et injustices quy ont esté commises au despartement.

De commune voix et du consentement de tous a esté délibéré que poursuitte sera faite par le pays la part où il appartient pour avoir réparation desd. abuz et excès et néantmoins mond. seigneur sera très humblement remercié de la faveur et grâce qu'il a faite aud. pays de luy permettre de s'assembler, que très humbles supplications luy seront faites de luy permettre une seconde assemblée pour nommer et députer personnes dignes et capables à entreprendre et faire lad. poursuitte par devant led. mesme sieur commissaire auquel led. seigneur sera supplié de donner pouvoir de convier et interpeller messieurs du clergé qu'il leur plaise se trouver en lad. assemblée affin de joindre tous les membres d'un corps à leur poursuitte sy juste. Et à ces fins ont esté priés lesd. sieurs Depouy et Verdun pour accompagner led. sieur commissaire vers led. seigneur.

Et ainsin a esté délibéré, conclu et arresté aud. Aux les an et jour susdits.

*( Signatures.)*        De Cornéty, notaire.

---

### Année 1632.

### I.

#### DEMANDE D'AUTORISATION.

*A vous Monseigneur d'Espernon, duc et pair de France*
*et gouverneur de Guienne,*

Supplie humblement le scindic du pays et recepte d'Armagnac qu'en vertu de la permission qu'il vous a plu lui octroyer, les députés des collectes se seraient réunis dans la ville d'Aux par devant M. Delong, juge mage en la sénéchaussée dud. Armagnac, pour délibérer et conclure sur le cayer des remonstrances et dénonciations faictes par les advocat et procureur du roy en l'eslection d'Armagnac contre le reste des officiers d'icelle, en laquelle assemblée par l'acte de délibération cy attaché en datte du 24 septembre dernier, lad. dennonce auroit esté retenue et conclu que porsuitte en sera faicte par le pays et que pour nommer et depputer à cest effect personnes idoines et cappables et interpeller MM. du clergé, très humbles supplications vous seront faictes de permettre une seconde assemblée.

Ce considéré, plaira à Votre Grandeur de permettre une seconde assemblée pour, appelés les syndics du clergé, y faire la nomination et depputation de personnes propres et capables de faire la porsuitte nécessaire pour la réparation et punition des excès et abus conteneus en lad. dénonce, et le suppliant priera Dieu pour votre santé et prospérité.

Nous avons permis aux suppliants de faire convocquer une seconde assemblée, à y estre appelé le scyndic du clergé pour lad. députation, avec deffenses d'y traiter d'autres affaires.

Faict à Condom, le XXIII jan. 1632.

J.-L. DE LAVALLETTE.

Par mond. seigneur : FAGE.

II.

### CONVOCATIONS DU JUGE-MAGE.

MONSIEUR,

Vous avez souvenance, s'il vous plaist, de la dernière assemblée de ceste recepte qui fust tenue en ceste ville d'Aux par l'ordre et authaurité de M<sup>gr</sup> le duc d'Espernon et comme il fust resolu par les ordres de la noblesse et du tiers estat de fere la poursuite et obtenir réparation des surexactions et insuportables opressions que nous recepvons tous les jours des officiers et recepveurs de l'eslection. C'est chose dont vous avez déjà vu les articles et les preuves dont vous ressentez journellement les dommaigeables effects, lesquels iront à l'infini, s'il n'y est pourvu par l'exécution de la résolution prinse en nostre dernière assemblée, qui porte d'en fere devers le roy une prompte et vive poursuite, dont nous devons attendre un favorable succès, puisque nos plaintes sont justes et qu'elles doivent estre jugées par le plus grand et juste roy de la terre et qu'elles seront apuyées et assistées puissamment par M<sup>gr</sup> le duc d'Espernon qui m'a assuré de se rendre notre intercesseur vers Sa Majesté et MM. de son conseil auxquels il a déjà donné connaissance des intérests de votre ordre et les a rendus considérables. C'est chose que je vous puis assurer pour l'avoir veu et recognu. Il importe, Monsieur, de faire profit de la bone disposition qui est dans l'esprit de nosdits seigneurs du conseil pour le soulagement des subiects du roy, protecteur des opressés, et surchargés par ces petits officiers d'eslection lesquels abusent très insolament de leurs charges, contre la bone intention de Sa Majesté et des ministres de l'Estat. J'ay tousiours recogneu les affections de vostre ordre si droittes et généreuses pour le bien public et vous ne refuserez pas d'assembler encore la noblesse de vostre collecte pour députer quelqu'un d'entre vous, avec pouvoir et bonnes instructions pour se trouver en ceste ville d'Aux au quinziesme du présent mois de décembre, pour résoudre l'ordre que nous devons tenir pour l'exécution de nostre devoner et service. J'ay pouvoir de Monseigneur de tenir ceste assemblée et d'authoriser la vostre particulière, puisqu'elle est juste et nécessaire. Vous me trouverez très disposé à honorer et servir tout vostre ordre, comme j'ay tousiours fait, et vous tesmoingner en particulier que je suis et désire me conserver, Monsieur, vostre très humble et très obéissant serviteur.

(La signature manque.)

> *Au dos :* pour la collecte d'Aux, M. de Montegu ; Vic, M. de S<sup>t</sup>-Jean-Potge ; Jegun, M. de Castillon ; Eauze, M. de Betoulin ; Nogaro, M. d'Arblade ; Rivière-Basse, M. de S<sup>t</sup>-Lanne ; Fezensaguet, M. du Pin de Labrihe, d'Esclignac.

(Ces deux derniers noms sont biffés.)

Messieurs,

Il y a quelque temps que la recepte d'Armagnac fust assemblée en ceste ville d'Aux pour concerter et résoudre des affaires de grande importance pour le bien et soulagement des peuples et notament pour avoir réparation et réglement des abus et malversations comises par les officiers et recepveurs de l'eslection, come il fust dès lors justifié plainement par les articles qui furent proposés et examinés en lad. assemblée et dont vous avez eu cy devant des copies, ce qui fist résoudre le corps de la recepte de faire une vive poursuite, pour obtenir la restitution de plusieurs sommes injustement desparties et exigées par lesd. officiers et les faire régler à l'ancien. Celà est de telle importance, veu que le mal augmente de jour en jour, que, s'il n'y est pourveu, le peuple s'en va réduit à l'extrémité, car les surexactions et violentes opressions que les officiers commettent impunément, contre l'intention du roy et de son conseil, montent à sommes immenses. La compassion que Monseigneur le gouverneur a conceu de nos souffrances et sa charitable affection à procurer notre soulagement l'ont obligé à nous permettre une seconde assemblée, pour prendre une résolution finale en ces affaires. Il m'a commandé de la faire tenir au plus tost, puisque ce mal est si pressant et la conséquence si dangereuse. C'est pourquoy je vous supplie d'envoyer vos députés en ceste ville d'Aux le 15 du présent mois de décembre pour consulter et résoudre l'ordre et les moyens que nous devons tenir pour nous garantir de telles opressions et pour exécuter nostre dernière délibération qui est de porter nos plaintes aux pieds de notre roy et aux oreilles de son conseil, où nous sommes assurés d'avoir justice. Mon dit seigneur vous rendra son assistance en faveur de ceste affaire et en toutes autres choses qui regarderont un bien et soulagement. Vous ferez, s'il vous plaît, venir vos députés avec pouvoir et instructions suffisantes, tant pour les susd. affaires que pour certain desdommagement prétendu par le sr de Lespine contre la recepte qui causerait son entière ruine, en conséquence de quelques arrests obtenus par surprise en la cour des Aydes pour esluder la restitution des sommes contre luy ordonnée par la chambre des Comptes en faveur dud. pays. Pour moy, je contribuerai tout ce qui dépendra de ma cognoissance et de mon petit pouvoir et vous tesmoignerai en ceste occasion et toutes autres qui se présenteront jamais que je suis et desire ne conserver,

> Messieurs,
>> Vostre très affectueux et très humble serviteur.

>> DELONG, juge-mage d'Armagnac.

A Aux, ce 1er décembre 1632.


## III.

### COLLECTE DE VIC A CASTILLON.

L'an 1632 et le 8e jour du mois de décembre, au lieu de Castillon, maison de Vidal Chiflart, estant assemblés nobles Bernard de Pardeilhan, seigneur de Saint-Jean-Poutge, sindic de la noblesse de Fezensac, Hercule de Batz sr de Caumont-Fimarcon, Frédéric de Podenas, sr du Calhou, Anthoine de Pardeilhan, sr de Lascomas, Aymeric d'Arcamont, Léonard de Gignan, Jean Anthoine de Sorgue Manauld de Sorgue et aultres signés à l'original, où estoit aussi M. Me Pierre de S. Martin, conseiller du roy, son advocat au siège présidial d'Armagnac, siège de Lectoure.

A esté représenté par led. s<sup>r</sup> de S<sup>t</sup>-Jean-Poutge, sindic, qu'en suite de la lettre missive qui lui a esté envoyée par M. Dulong, juge-mage et président d'Armagnac, en date du premier du courant, de laquelle lecture a esté faite publiquement, il auroit convocqué aud. lieu les gentilshommes de la collecte de Vic-Fezensac, affin de depputer, suivant l'intention de M<sup>gr</sup> le duc d'Espernon, quelcun du corps de lad. noblesse pour se trouver à l'assemblée de la collecte dans la ville d'Aux, invittée par led. s. juge-mage au 15 du courant. Pour quoy led. sieur de S.-Jean-Poutge auroict requis lesd. sieurs de voulloir délibérer. Ayant à ces fins demandé au s<sup>r</sup> de Bats son advis, il auroict dict que pour son regard il nomeroit MM. de Miran et de S<sup>t</sup>-Jean-Poutge pour tous deux conjointement ou séparément se trouver à lad. assemblée aux fins dont en lad. lettre. Duquel advis auroint esté tous les aultres unanimement et prié led. s<sup>r</sup> de S<sup>t</sup>-Jean-Poutge voulloir accepter lad. charge et de porter de la part de la compaignie la mesme prière aud. s<sup>r</sup> de Miran, avec prière de ratiffier et agréer tout ce que par led. s<sup>r</sup> sera faict et arresté dans lad. assemblée, soubs obligation de tous leurs biens, qu'ont soubsmis avec rigueur de justice et l'ont juré tenir, en présence de M. Bernard Cassaignard... etc...

BOURLIET, not.

*(Suivent les signatures.)*

IV.

**COLLECTE D'AUZAN.**

L'an 1632 et le 10 décembre, dans la ville d'Éauze en Armagnac et maison comune d'icelle illec assemblés soubs le bon plaisir du roy les consuls, sindigs et dépputés de la ville d'Éauze et aultres lieux de la collecte d'Auzan, pour traiter les affaires concernant le bien et utilité d'icelle, où se sont trouvés :

Sçavoir, pour la ville d'Éauze, capitale de lad. colecte, les s<sup>rs</sup> Bernard Magnan, Barthélemy Paulme, Janot Gerbous, Bernard Moncaup, assistant M. Abel Dufaur, procureur du roy en Éauzan ;

Pour la ville de Manciet, le s<sup>r</sup> Jean Lafargue, depputé ;

Pour la ville de Bretagne [1],

---

[1] Les noms des députés de Bretagne, Castelnau, Maulon, Moncla, Campagne, Saint-Aman et Lanemagnan sont en blanc.

Pour la ville de Labastide, le s[r] Isaie du Vignal, depputé ;
Pour Cazaubon, M. Jean Dupuy, deputté ;
Pour Castelnau,
Pour Maulon,
Pour Moncla,
Pour Castets, Pierre Beyrie, consul, depputé ;
Pour Campagne,
Pour Marguestau, Guillon Goanère, depputé ;
Pour S.-Aman,
Pour Lanemagnan,

Par led. s[r] de Maignan, premier consul, assisté comme dessus a esté représenté avoir recubré de M. le juge-mage d'Armagnac quy leur demande de se trouver dans la ville d'Aux où il a fait convoquer l'assemblée générale des collectes de la recepte d'Armagnac, par ordonnance de Monseigneur d'Espernon, gouverneur de Guiene, au 15 du présent mois, de laquelle il a esté envoyé en toutes les villes et lieux de lad. collecte copie, afin que ceux qui seront depputés ayent cognoissance du subiect pour lequel lad. assemblée se faict, pour depputer personnes à ce trouver dans la ville d'Auch aud. jour pour délibérer sur les articles de la dénonciation faicte par le s[r] Chavailhe, advocat du roy de lad. eslection et, affin que l'assemblée entende le contenu des articles de lad. dénonciation, il en a esté faict lecture de mot à mot par son greffier.

Et, au regard de ce que led. juge-mage escrit par la lettre du desdomagement prétendu par le sieur Lespine d'Aux contre lad. recepte, lad. assemblée pourra entendre par la bouche du s[r] de Gerbous, qui a conduit cest affere et obtenu les arrests contre led. Lespine, l'estat de cest affere.

Davantage par led. s[r] Magnan a esté encore proposé que despuis les arrests donnés en la cour des Aydes de Montpellier, tant en faveur de la ville d'Éauze, Manciet, St-Aman, Campagne et Marquestan, pour lesquels lad. collecte a souffert beaucoup de frais et despens et récompenses données à Bernard Broqua, procureur, qui revient à la somme de 5.700 et tant de livres, lequel, au lieu de les laisser en repos et d'estre content des sommes qu'il avait tiré d'eux, a suscité, comme chascun sçait, les consuls de Labastide, de Castelnau et Mauléon de se pourvoir contre lesd. arrests poursuivis en faveur desd. communautés et, pour iceux faire rétracter, auroict tiré d'eux, avec Carbonon Paume, qui auroict esté créé sindic, la somme de 6.000 livres et auroict, ez vertu dud. arrest, fait venir M. de Rauchin, conseiller du roy et commissaire de lad. cour des Aydes, pour procéder à la recherche et vérification de lad. collecte par des experts et estimateur, laquelle procédure et réserve remise en lad. cour des Aydes y auroict esté desbatue et arguée de plusieurs vices et inégalités, lesquelles ne pouvoint subsister qu'elles ne feussent cassées; lesd. Paume et Broqua se seroint advisés d'un artiffice et moyen grandement domageable à toute lad. collecte pour rendre le procès immortel et tenir en procès perpétuellement lad. collecte pour y proffiter et se rendre nécessaires, auroint prins la qualité de sindiqs lorsque le procès estoit prest à juger auroint requis et balhé consentement qu'une nouvelle réserve, arpentement et estimation feust faicte de tous les biens de lad. collecte qui auroit esté pour la troisième fois qu'elle auroit esté faicte, ce que lad. cour auroict ordonné sur leur réquisition et consentement, ainsin qu'il se peut voir par l'arrest sur ce interveneu le. . . . . . . . Et ordonne que les despens faicts tant par led. s<sup>r</sup> de Rauchin, commissaire que experts seroint des partis sur lad. collecte qu'ils auroint faict monter et taxer à la somme de 6.041 livres et, pour cest effect, en auroint faict fere lesd. sommation et despartement à chasque ville et lieu de lad. collecte, ainsin que le justiffie par led. exploit et commandement qui en ont esté faicts par Dumau soy disant sergent de S<sup>t</sup>-Aman. Et, non content de ce, auroint mené quand et eux M. Trérousier, soy disant commis des rapports de lad. cour, pour constraindre lad. collecte pour les espices et raport de l'arrest de taxe de despens pour les favoriser au recouvrement de lad. somme, combien que led. Paume avoict payé, comme il est vray samblable, puisqu'ils avoint levé led. arrest et icelluy faict signiffier. Pour lequel raport a esté exigé desd. consuls de Margestau, pour le principal la somme de quarante escus de trois livres cinq sols parisis et, pour les despens, la somme de 172 livres, ainsin qu'il appert des quittances sur ce faictes. Et ayant descouvert que l'intention des ss. Paume et Broqua estoit de fere venir led. commissaire de lad. cour, suyvant led. arrest, pour procéder à lad. recherche qui estoit la ruine entière de lad. collecte et, de plus, la presse qu'ils faisoint de lever lad. somme de 6.041 livres, comme ils avoint desjà commencé de fere, de quoy ayant le roy et son conseil en advis, par arrest du xxx octobre dernier donné en son conseil, auroict faict deffence aud. Broqua et Paume de lever lad. somme et aux consuls desd. lieux d'en fere le paiement et d'apporter l'arrest de la cour des Aydes au conseil affin qu'il se peut voir par led. arest qui a esté leu en lad. assemblée et duement inthimé et signiffié tant auxd. sieurs consuls, Paume que Broqua. Despuis lequel, autre arrest a esté donné aud. conseil sur le même subiet, par lequel il est fait inhibitions et deffenses de lever lesd. sommes et de condaner à la restitution de ce qui a esté prins et deffense à la cour des Aydes de procéder à la recherche, non pas de la collecte d'Auzan seulement, mais de la recepte d'Armaignac. Lequel arrest ils ont envoyé à lever et l'attendent de jour à autre. Que si Sa Majesté, de sa grâce, ne nous avoict deschargé dud. paiement et de lad. recherche, laquelle n'auroict sçu estre faicte en la forme qu'on prétendait la fere avec 10.000 livres, qui estoit la ruyne totalle de la collecte. Laquelle despuis lesd. procès recherche les villes et lieux d'icelle et en partie se sont incommodées de plus de 20.000 livres, comme chascun sçait. Sans avoir esgard à ce, lesd. Paume et Broqua ne cessoint de se jacter de se voulloir pourvoir contre led. arrest au conseil, à quoi il est besoin de se préparer, pour s'en deffendre et fere valloir et subsister led. arrest; et est besoin de sçavoir de lad. assamblée s'ils ont donné charge auxd. Paume et Broqua de requérir et demander lad. nouvelle recherche, ainsin qu'il est porté par led. arrest.

Par lad. assamblée, après avoir eu lecture de lad. lettre dud. s<sup>r</sup> juge mage et desd. articles dud. s<sup>r</sup> Chavailhe et entendu de la bouche dud. s<sup>r</sup> Gerbous les arrests obtenus contre led. s<sup>r</sup> de Lespine, a esté résolu par la pluralité des voix que led. s<sup>r</sup> Bernard Moncaup, jurat de ceste ville d'Eauze, est depputé pour se transporter dans led. Aux aud. jour xv de ce mois, conformément à la lettre, pour se joindre à ce qui sera trouvé par lad. assamblée utille et profitable pour le bien et soulagement de lad. recepte, tant sur les dénonciations que pour se deffendre des prétentions dud. Lespine, auquel la collecte n'a jamais emprunté ny faict advance pour eux, touchant lad. imposition du requiem de Picardie que tous ceux de lad. collecte en payarent leur côte part, comme led. s<sup>r</sup> de Moncaup advisera bon estre, pour le bien et solagement de lad. collecte. Et ce voyage se fera aux fraix communs de lad. collecte d'Auzan. Et au regard de la proposition faicte contre lesd. Paume et Broqua, lad. assamblée, par la pluralité des voix d'icelle, a esté conclud et arresté que on trouve bon la poursuitte et diligence faicte au conseil pour l'obtention desd. arrests recognoissant le domage et despens que apporte; a esté réservé la poursuitte et sanction desquelles sera continuée par led. s<sup>r</sup> de Gerbous, aux fraix de lad. collecte.

Led. s<sup>r</sup> de Moncaup estant à Aux représentera comme, de nouveau, les fermiers de la foraine ont augmenté, par arrest donné à Béziers le XI octobre dernier au conseil du roy, les droitz forains de deux tiers sur les bleds, vins et autres denrées et que le sindic de Chalosse, ayant obtenu certain arrest au parlement de Bordeaux en l'année 1601, empêche, en vertu d'icellui, que le vin d'Armagnac ne soit transporté au Mont-de-Marsan, où la débitte dud. vin se faict, et d'autoritté pred tout le vin sourtant dud. Armagnac, au préjudice dud. pays d'Armagnac et par ainsin il représentera à la recepte affin de supplier Sa Majesté de modérer lesd. droitz forains et les remettre au mesme estat où ils estoint cy devant et demander la cassation dud. arrest de Bourdeaux, et ainsin a esté résoleu.

*(Suivent les signatures.)*

# V.

### COLLECTE DE BAS-ARMAGNAC.

L'an 1632 et le XII<sup>e</sup> jour du mois de décembre, dans la ville de Nogaro au Bas-Armagnac et maison commune d'icelle où les assemblées de la collecte du Bas-Armagnac ont accostumé se tenir, se sont assemblés : pour MM. de la noblesse, MM. nobles Hector de Luppé, s<sup>r</sup> de Gensac; Bertrand d'Armagnac, s<sup>r</sup> de Termes; autre Hector de Luppé, s<sup>r</sup> de Lalengue; Blaise de Luppé, s<sup>r</sup> de Crémen; Antoine de Larrée, s<sup>r</sup> d'Arriutort; Louis de S.-Griède, s<sup>r</sup> de Clarens; Antoine de Lau, s<sup>r</sup> de Lasalle; Jean-Jacques de Montesquiou, s<sup>r</sup> de Sabazan; — pour les villes et propriétés, sçavoir pour la ville de Noguero, M<sup>e</sup> Jean Duclaux, premier consul de lad. ville, pour la ville d'Aignan, Pierre Dannesfouert, consul, avec Pierre Eslatenx aussy consul pour la ville du Houga, assistés de M<sup>e</sup> Jean Destouet, procureur du roy aud. Bas-Armagnac, et les autres propriétés défailhans, deuement appellées par led Duclaux.

Auxquels par led. s<sup>r</sup> de Termes, scindic de la noblesse et led. s<sup>r</sup> Duclaux, premier conseul, auroict esté remonstré que par M. Delong, juge-mage et président en la seneschaussée d'Armagnac a esté escript à MM. les consuls de ceste collecte leur donnant advis au 15 du présent mois, il y a assemblée de la recepte, priant MM. de la noblesse et du tiers estat de ceste collecte de vouloir s'assembler pour députer quelqu'un d'entre eux pour se treuver à lad. assemblée qui se faira dans la ville d'Aux et pour traicter des expédiens qu'on a à tenir pour fere entendre à Sa Magesté les plaintes et oppressions que son peuple reçoit par les officiers de ceste eslection et les pilleries et abus qu'ils pratiquent sur le peuple, à la foulle d'icelle, comme aussi pour empescher que les arrests obteneus par surprinse en la cour des Aydes par Me Gailhard Lespine ou son fils, jadis recepveur des tailhes d'Armaignac, ne soint exécutés contre l'intention de Sa Magesté et les arrests que la chambre des comptes de Paris en a donnés contre led. Lespine, au solagement du public.

Sur quoy, prinse délibération de commun accord par MM. de la noblesse, auroict esté oppiné que led. sᵣ de Luppé estoit prié de se treuver à lad. assemblée, comme aussi par les consuls des villes et propriettés que led. sᵣ Destouet, procureur du roy, feust joint avec luy à lad. députation pour se présenter à lad. assemblée d'Aux et y donner leurs voix et suffrages pour lad. collecte, soit pour fere une députation génerale de Guiene que autrement, comme il sera advisé par eux pour obtenir solagement de Sa Magesté des ruines et oppressions introduites sur son peuple par les officiers de l'eslection contre le vouloir et intention du roy et procurer le solagement du public et rendre telle délibération sur les propositions et ouvertures qui seront faictes en lad. assemblée au bien du public, leur donnant pour ce faire pouvoir, charge, mandement avec promesse de l'avoir agréable de le tenir ferme et estable et plus n'a esté délibéré, s'estant lesd. ss. députtés signés à la cède avec moy notaire, secrétaire de lad. ville qui ay esté requis de vouloir dresser le présent acte que leur ay consédé.

En foy de quoy me suis signé :

DELACAU, notaire, secrétaire susdict.


## Vl.

### COLLECTE DE VIC.

L'an 1632 et le dimanche 12 du mois de décembre, dans la maison commune de la ville de Vic-Fezensac, les consuls de la collecte ayant esté mandés par lettres missives à eux envoyées par MM. les consuls de la présente ville se trouver ce jourd'hui en ceste ville pour traitter des affaires concernant le bien publicq et de lad. collecte, se seroient seullement trouvés Mᶜˢ Aymeric de Sourbetz, docteur ez droitz, magistrat royal et procureur du roy au comté de Fezensac, Blaise Benquet, s^r de Cassaigneu, Barthélemy Brunet, s^r de Lassalle, et Antoine de Gimat, s^r de Jaures, consuls, M. Bertrand de Brunet, s^r du Pimbat, et François de Gimat, s^r dud. lieu, pour lad. ville, de M. Frix Moudenx, magistrat royal et lieutenant principal de la judicature de Fezensac, siège de Lanepatz, pour Lanepatz.

Auxquels par led. s^r de Cassaigneu, premier consul, a esté représenté comme ayant teneu mandement de M. le juge mage en la séneschaussée d'Armagnac par lettre expresse qu'il en auroit mandé le 1^er du mois et suivant la délibération sur ce prinse en la maison commune de lad. ville et obéissant aud. mandement, ils auroient mandé et convoqué les consuls et communautés de lad. collecte par lettres missives qu'ils leur auroient envoyé par messager exprès qui estoient Charles Carcher et Bernard Pauillac, vallets de la maison de ville, de se trouver en ce jour en ceste ville pour, ensuivant lad. lettre, députter quelcun de ceste collecte en l'assemblée de la recepte d'Armagnac par mond. s^r juge mage convoquée dans la ville d'Aux au xv du mois, par permission de M^gr le duc d'Espernon gouverneur commandant pour le roy en Guiene, pour en icelle délibérer et résoudre de poursuivre réglement contre les officiers et recepveurs de l'eslection d'Armagnac devant le roy et nosseigneurs de son conseil et pour traitter du desdomagement demandé par le s^r de Lespine. Lesquels vallets et messagers estant de retour, leur avoir raporté les consuls desd. communautés leur avoir dict qu'ils estoient aussy mandés par le s^r de S.-Jean-Poutge de se trouver en pareille assemblée au lieu de Castilhon ce mercredi dernier, à laquelle ils s'en allaient et qu'ils ne se trouveroient pas en celle de ceste ville. Ainsin que de nouveau ils ont affirmé par serment presté sur les quatre saints Evangiles et qu'il est aussy véritable que lad. assemblée convosquée par le s^r de S.-Jean-Poutge a esté tenue aud. lieu de Castilhon led. jour de mercredi dernier, ainsin que lesd. s^rs consuls sont bien et deuement advertis, de sorte qu'ayant faict crier en la plasse et canton accoustumé de lad. ville, fezant appeller lesd. députtés, pour s'assembler en la maison d'icelle aud. effet, ne s'en seroict présenté que led. s^r de Moudenx. A cause de quoy et veu l'absence desd. consullats et affin par lesd. s^rs consuls de la présent ville de fere leurs diligences et comme il n'a tenu à eux que lad. députation n'aye esté faicte, sellon les intentions et volonté de mond. s^gr le duc d'Espernan et advis dud. s^r juge mage, le présent acte a esté fait et dressé. En foy de ce led. s$^r$ procureur du roy, consuls, Moudenx, Brunet et Gimat signés à l'original de lad. délibération couchée dans le livre de lad. collecte qui est conservé dans lad. maison de ville au pouvoir desd. s$^{rs}$ consuls et moy.

MOYSE DE LAPEYRÈRE, greffier de lad. ville et collecte.


## VII.

### COLLECTE DE JEGUN.


L'an 1632 et le 16$^e$ jour du moys de décembre, dans la ville de Jegun asemblés pour traiter des affaires communes de la collecte dud. Jegun, selon le bon plaisir du roy et utilité du publiq, sçavoir pour lad. ville de Jegun M$^{es}$ Jan Peyret, docteur ez droits et lieutenant principal au siège de lad. ville, Léonard Labordère, Jean-Jacques Espiet et George Meilhan, consuls, Arnauld-Guilhem Espiet, s$^r$ d'En Mauret, et Jean La Mothe, substitut de M. le procureur général du roy;

Pour Lavardens, Antoine Fisse, consul;

Pour Valence, Jean Boyer, procureur du roy et député;

Pour Roquelaure, Guilhem Baurens, consul;

Pour Montastruc, Jean Bergalasse, consul;

Pour Puységur, Sanxon Gouzène, consul;

Pour Cézan, Jean Olivier, consul;

Pour Bonas, Sanxon Podensan, consul;

Pour Meilhan, Vidau Delort, consul;

Pour Castilhon, Manaud Bite, député;

Pour Peyrusse, Jean Maignaut, consul;

Pour Maignaut, Jan....., consul;

Pour Verduzan, Jan Boudes et Pey Lubespère, consuls;

Pour Ferrebouc, Arnauld Tucon, consul; et nul des autres lieux de lad. collecte, bien qu'ils ayent esté dheuement advertis sellon la coustume.

Entre aultres a comparu led s$^r$ Labordère, premier consul dud. Jegun qui a remonstré comme ils ont receu lettres de M. Delong, juge mage d'Armagnac, et faict par icelle récit comme il a quelque temps que la recepte dud. Armagnac se serait assemblée en la ville d'Aux par ordonnance et permission de M$^{gr}$ d'Espernon, gouverneur de la province, pour résouldre d'affaires de grand importance pour le bien et soulagement du publiq et nottement pour avoir réparation et réglement des abus et malversations

commises par les officiers et recepveurs de l'eslection, comme fut
lors justiffié par les articles qui furent proposés et examinés en
lad. assemblée et dont il dit luy avoir esté balhé coppie, ce qui
fist résoudre le corps de la recepte de faire une vive poursuite
pour obtenir la restitution de plusieurs sommes injustement desparties et exigées par lesd. officiers et les faire régler à l'advenir.
Cellà restant de telle importance, veu que le mal augmente de
jour en jour, que s'il ny est pourvu le public s'en va réduit à
l'extrémité, car les surexactions et violentes oppressions que
lesd. officiers commettent contre l'intention du roy et de son
conseilh montent à sommes immanses. La compassion que mond.
seigneur le gouverneur a conceu de nos souffrances et la charitable intention et affection à procurer un sollagement, l'ont obligé à
nous permettre une seconde assemblée pour prendre une résolution finalle en ces affaires. Il a commandé de la tenir au plus tôt,
puisque ce mal est si pressant et la conséquence si dangereuse.
C'est pourquoy led. sʳ juge mage nous a escript envoyer nos
députés en la ville d'Aux le 15ᵉ du présent pour consulter et
résoudre l'ordre et les moyens que nous devons tenir pour nous
garantir de telles oppressions et pour exécuter la dernière délibération qui est de porter nos plaintes aux pieds du roy et aux
oreilles de son conseilh, où nous sommes assurés avoir justice.
Mond. seigneur y doit rendre son assistance et faire en cest
affaire et tous altres qui regardent nostre sollagement.

Partant, est requis y députer qui il vous plaiera de ceste
collecte, avec pouvoir et instructions suffizantes, tant pour les
susd. affaires que pour certains desdommagements prestendu par
le sʳ de Lespine contre la recepte qui causeroint une totale
ruyne, en conséquence de quelques arrests obtenus par surprinse
en la cour des Aydes pour la restitution des sommes contre luy
ordonées en la chambre des comptes en faute du pays et que sur
ce pouvoir et délibérer ils ont faict appeller ceste collecte
l'assemblée y resouldre.

Sur quoy a esté délibéré et arresté par les susd. que en la
dernière assemblée tenue en la ville d'Aux, au moys de septembre 1631, sur le subiect des remontrances et articles dressés par le
sʳ Sabailhes, il fut dit en ceste assemblée que si led. sʳ Sabailhe
avoit cognoissance des surcharges et malversations que les
recepveurs et officiers font sur ceste recepte, qu'il luy estoit loy-
sible, sa charge l'y obligeant, d'en demander justice, sans que
ceste collecte veuille s'ingérer à fere aulcune despence ny députation pour ce regard. Car si lesd. officiers ont excédé, ayant de

quoi repondre, comme ils ont, il sera pourveu par la justice, soit aux frais et despens qu'il exposera que aux restitutions qu'il faudra faire en faveur des surcharges. Et ainsin, pour tesmoigner à M. le juge mage que nous adhérons à les faire fere raison, est donné pouvoir à MM. de Peyret, lieutenant; Labordère, consul; Espiet, s<sup>r</sup> d'En Mauret dud. Jegun, et Boyé, député de Valence, de se treuver en l'assemblée d'Aux pour y rapporter ceste approbation et pouvoir prester consantement à aulcune députation ny à former aulcune procédure nouvelle. Et pour ce qui regarde M<sup>e</sup> de Lespine, y ayant arrest au conseilh, l'ayant eu en communication, il y sera délibéré comme apartiendra.

Ainsin desliberé et arresté par les susd., signés ceulx qui ont sceu à l'horiginal avec moy leur greffier soubssigné :

DESPIET, greffier de la collecte.

VIII.

### COLLECTE DE FEZENSAGUET.

L'an 1632 et le 13<sup>e</sup> jour du mois de décembre, assemblés en corps de collecte en la ville de Mauvezin et maison commune d'icelle, M<sup>es</sup> Anthoine de Ste-Marie, conseiller du roy, son juge et magistrat au pays de Fezensaguet; noble Barthélemy de Larroquan, s<sup>r</sup> du Pin, scindic de la noblesse de Fezensaguet; noble Jacques de Preyssac, s<sup>r</sup> de Labrique; Jacob Lacostes Bariau, consul de Monfort; Sanson Carreté, député dud. Monfort; Guillaume Solirène et Barthélemy Casse, consuls de Puicasquier; M. de Garipuy, procureur du roy, et Jean Broqueville, scindic du tiers estat.

Par M. de la Brique, premier consul dud. Mauvezin, a esté proposé que M. le juge mage de Lectoure a escrit une lettre à la collecte, par laquelle il la supplie de vouloir s'assembler pour fere une députation dans la ville d'Aux où toutes les collectes d'Armagnac doivent s'assembler le 15 du courant, pour traiter des affaires de grande importance pour le bien et soulagement du public, notamment pour avoir réparation et réglement des abus pour malversations commises par les officiers et receveurs de l'eslection, ainsin qu'il résulte pleinement de lad. lettre qu'il a en main, que pour remédier à certain desdommagement prétendeu par M. de Lespine esleu d'Armagnac sur toute la récepte, priant la compaignie de députer du corps de la présente collecte tel qu'elle advisera, avec plein pouvoir de déclarer la volonté qu'elle aura, en lad. assembléc d'Aux, priant la présente compaignie de délibérer sur la proposition.

A esté arresté d'une voix unanime et d'un commun advis, après avoir oui MM. le juge et procureur du roy en ce qu'ils ont dit n'entendre empescher qu'il ne soit délibéré sur lesd. propositions, que led. s$^r$ juge est prié de vouloir aller en lad. assemblée d'Aux avec led. Guillaume Solirène, consul de Puycasquier, avec plein pouvoir que la présente collecte lui donne de fere donner tout consentement et acquiescement pour le bien et soulagement de lad. collecte, de laquelle députation led. s$^r$ juge s'est excusé pour ses incommodités et indispositions, requiérant lad. assemblée de fere aultre nomination en sa place ou que led. député de Puycasquier y aille seul.

Lusol, greffier de la collecte.

## IX.

### PROTESTATION DES CONSULS DE VIC.

Conseil tenu dans la maison commune de la ville de Vic-Fezensac ce jourd'huy 14$^e$ du mois de décembre 1632 où se seroint trouvez et assemblés M$^{es}$ Aymeric de Sourbetz, docteur es droits magistrat royal et procureur du roy au comté de Fezensac, Blaise Benquet, s$^r$ de Cassaigneu, Barthélemy Brunet, s$^r$ de Lassalle, et Anthoine de Gimat, s$^r$ de Jaurés, consuls, Vidon Lébé, M$^e$ Bertrand Brunet, docteur es droits, s$^r$ du Pimbat, Isaac Dareys, M$^e$ Ramond Dupuy, Bernad Degay, Jean Lafargue, Jean Lalane, M$^e$ Vidal Lacroix, Pierre Dareys, Jean Fourcès, M$^e$ Dominique Moulié, M$^e$ Jean Dupuy, docteur es droits, M$^e$ Bernard Gimat et M$^e$ Jean Barats, jurats et habitans de lad. ville de Vic.

Auxquels par led. s$^r$ de Benquet, premier consul, a esté représenté qu'ayant receu mandement de M. le juge mage de la sénéchaussée d'Armagnac par lettre expresse du premier de ce mois qu'il leur auroit envoyé s'adressant à eulx et aux consuls de la collecte, en conséquence d'icelle lesd. sieurs consuls, obéissant au mandement, en auroint donné advis auxd. consuls et communautés et iceulx convocquer en ceste ville pour dimanche dernier avec lettres missives qu'ils leur auroint envoyé par deux de leurs vallets à la forme accoustumée, pour tous ensemble, suivant led. advis et mandement, depputer quelcun de lad. ville et collecte en l'assemblée de la recepte d'Armagnac convocquée par mond. s<sup>r</sup> mage en la ville d'Aux au 15<sup>e</sup> de ce mois par permission de M<sup>gr</sup> le duc d'Espernon, pour en lad. assemblée délibérer et résoudre de poursuivre réglement contre les officiers et recepveurs de l'eslection d'Armaignac devant le roy et messeigneurs de son conseilh, pour traitter du desdommagement demandé par le s<sup>r</sup> de Lespine, sans que aulcune desd. communautés, hormis le s<sup>r</sup> de Moudenx s'y soit trouvé, lesd. consuls des communautés ayant déclaré auxd. vallets ne s'y pouvoir trouver pour avoir esté mandés en aultre assemblée convocquée par le s<sup>r</sup> de S-.Jean-Poutge au lieu de Castilhon à mercredi dernier où ils s'en alloient, comme seroit arrivé. De quoy lesd. s<sup>rs</sup> consuls auroient faict acte couché dans le libre de lad. collecte, requérant de l'assemblée estre sur ce délibéré.

A esté arresté que led. s<sup>r</sup> de Benquet premier consul avec led. s<sup>r</sup> de Brunet Pimbat sont depputtés pour se trouver demain en lad. assemblée de la recepte convocquée aud. Aux par led. s<sup>r</sup> juge mage et faire entendre à lad. assemblée comme ils n'ont peu assembler les consullats des communautés de lad. collecte à cause d'autre assemblée qui en a esté faicte mercredy dernier par le s<sup>r</sup> de S.-Jean-Poutge et par ce moyen lad. ville et collecte ensemblement, ny lad. ville en particullier n'ont peu depputter en lad. assemblée avec pouvoir pour traitter des affaires dont en la lettre du s<sup>r</sup> juge mage; lequel sera supplié ensemble l'assemblée vouloir pourvoir à ce que à l'advenir lad. ville de Vic jouisse de ses droits à pouvoir tenir et convocquer lad. collecte dans lad. ville, de deffendre à toutes autres villes et lieux d'en tenir aulcune, et où il n'y sera pourveu, proteste que les consuls de la présente ville chercheront les remèdes pour s'y faire maintenir, néantmoins que l'assemblée de la recepte le trouvera bon; et vu leur diligence, leur est donné pouvoir y faire et délibérer ce que par eulx sera advisé pour le bien de lad. ville, collecte et peuple, et plus sur lesd. affaires n'a esté délibéré. En foy de ce, lesd. procureur du roy, consuls et jurats qui ont sceu signer se sont signés à l'original de la présente délibération qui est escripte dans le livre du conseil de la maison commune de la présente ville au pouvoir desd. consuls, de moy notaire et greffier de lad. ville qui ai fait le présent extrait sans y avoir rien adjousté ou diminué. En foy de ce je me suis signé.

MOYSE DE LAPEYRÈRE, greffier.

## X.

### COLLECTE DE RIVIÈRE-BASSE.

Par devant moy notaire royal soubssigné, présens les tesmoings bas nommés, ont esté personnellement constitués MM. Estienne de S. Julien, s<sup>r</sup> de St-Lane et Cahuzac, sindic de la noblesse de Rivière-Basse et M<sup>e</sup> Arnault de Lafitte, consul de la ville de Castetnau, chefs de collecte du pays, lesquels faisant pour lad. noblesse et le tiers estat de lad. collecte, en conséquence des empêchements arrivés à l'assemblée desd. ordres deuement convoqués les mardy et samedy septiesme et onziesme de ce moys, le premier les pluies continuelles et desbordements des ruisscaulx et rivière dud. pays et le second par certains autres inconvénients, pour délibérer à deux lettres de M. Delong, juge mage et président présidial d'Armagnac datées du premier de ce moys, contenant la permission desd. assemblées et assignation de se trouver le jour de demain mercredy 15<sup>e</sup> de ce moys à l'assemblée générale de la recepte d'Armagnac dans la ville d'Aux pour résoudre l'ordre à tenir sur l'exécution de la dernière conférence à fere poursuitte et obtenir réparation des surexactions de MM. les officiers et recepveurs de l'eslection, de leur bon gré et se portant forts pour lesd. ordres, ont député et constitué, constituent et députent Jean de Pratferré, de Gramont-lez-Castelnau pour se trouver à lad. assemblée générale pour led. pays et collecte et au bien et proffit d'icelluy faire, dire représenter, délibérer et conclure ce qu'il cognoistra et jugera estre à faire. Tout de mesme qu'iceulx constituants et le corps desd. deux ordres luy fairont et fere pourront, estant personnellement, promettant agréer tout ce que par led. de Pratferré sera député et constitué, sera fait pour le révoquer, mais au contraire indempniser de la générale obligation des biens dud. pays et collecte et des leurs propres, qu'ont soubmis à toutes rigueurs de justice renonçant aux renonciations de droit.

Et ainsin tous juré. Fait et publié dans la ville de Castetnau au parquet judiciel d'icelle, pays de Rivière-Basse, séneschaussée d'Armagnac, diocèse de Tarbes, soubs le règne de Très Xrien prince Louys par la grâce de Dieu, roy de France et de Navarre, le mardy 14<sup>e</sup> jour de décembre 1632, avant midy, en présence de M· Jean Ducos, notaire royal, et advocat; Jean Savet, de Cas-

tetnau; M. Martin Bordes aussy advocat aud. Castetnau, signés
avec les constituans.

> Sen-Lanne; de Lafitte, consul; Bordes, prent.; Ducos,
> prent.; Devauls (?); Deuacarrère, pnt.


## XI.

### RÉUNION DES ÉTATS A AUCH [1].

L'an 1632 et le 16ᵉ jour du mois de décembre, dans la maison
de ville et citté d'Aux, assemblés par l'ordre et permission de
Mᵍʳ le duc d'Espernon, gouverneur pour le roy en Guyenne, par
devant M. Mᵉ Samuel Delong, président, juge-mage de la sénéchaussée d'Armaignac, assistant noble Jean de Chastanet, sʳ de
l'Uységur, envoyé par mond. sᵍʳ pour assister à lad. assemblée,
les députés de la noblesse et du tiers estat de la recepte d'Armagnac.

Sçavoir :

Pour la noblesse de la collecte d'Aux, noble Jean Frix, de
Maignaut, sʳ de Montaigut; pour la ville et collecte, M. Manaud
Falaga, docteur, premier consul; Jean Pardeilhan, bachelier en
droits; Menjot-Rivière; Pierre Lartigue et François Sepet, les
tous consuls dud. Aux, assistés de Mᵉˢ Bertrand Henry, doc.;
Salomon Léglise, de la ville de Barran, député d'icelle et de
noble François-Charles de Lié, sʳ de Canas, premier consul de la
ville d'Aubiet, et encore des sieurs Estienne Chavailhe, Guillaume Laburguière, Jean Verdun, Pierre Darnaud, Jacques
Caupena, Bertrand Laffon, Guillaume Ducros, Jean Solle, doc.
en droits, bourgeois dud. Aux;

Pour la collecte de la ville de Vic-Fezensac, nobles Jacques de
Verduzan, sʳ de Miran; Bernard de Pardeilhan, sʳ de S.-Jean-
Poutge, scindic de la noblesse de lad. collecte; les sieurs Blaise
Benquet, sʳ de Cassaigne, premier consul de lad. ville de Vic;
Bertrand Brunet, sʳ du Pimbat et son moderne député;

Pour la ville et collecte de Jegun, noble Jacques de Maignaud,
sʳ de Castilhon, scindic de la noblesse de lad. collecte; les sieurs
Bernard Laborde et Jean Boyé, députés de lad. ville et collecte;

Pour la collecte du Bas-Comté d'Armagnac, noble Hector de

---

[1] Comme on le voit, il manque le procès-verbal de l'assemblée de la collecte d'Auch,
que nous n'avons pu retrouver.

Lupé, s<sup>r</sup> de Gensac, scindic de la noblesse d'icelle; M. Jean Destouet, procureur du roy en lad. collecte, député;

Pour la collecte d'Eauzan, le s<sup>r</sup> Bernard Moncau, député;

Pour la collecte de Fezensaguet, le s<sup>r</sup> Guillaume Soubiran et Barthélemy Ducassé, députés;

Pour la collecte de Rivière-Basse, le s<sup>r</sup> Jean de Prat-Ferré, dép.; Cramails, député.

En présence et assistance de M<sup>e</sup> Bernard Sancetz, doc. en droits, procureur du roy au comté de Fezensac, siège dud. Aux.

A laquelle assemblée par led. s<sup>r</sup> président a esté remonstré que par ordonnance de mond. seig<sup>r</sup> le gouverneur du 15 novembre dernier, respondeue au pied de la requeste présentée par le scindic des ordres de ceste recepte, pour l'exécution de la deslibération receue en corps de recepte en la présente ville, le 24 septembre de l'année dernière 1631, il luy est enjoinct de convocquer une seconde assemblée en laquelle il peult estre procédé à la députation de telles personnes de suffizance et probité, qu'il seroit advisé pour suitte des restitutions et dont au cayer présenté contenant tretze articles par les sieurs de Chavailhe et Mascaras, advocat et procureur du roy en l'eslection d'Armaignac, contre les officiers et recepveurs d'icelle et de prendre les ordres pour l'exécution de l'arrest de MM. de la Chambre des Comptes de Paris, du 27 septembre 1631, contre M<sup>e</sup> Gailhard de Lespine, caution de Simon Grontz, comis à la levée des sommes imposées pour la subsistance du régiment de Picardie, lors du bloquement de la ville de Montauban, l'année 1628, soubz Monseigneur le Prince, général des armées du roy dessà la rivière de Loire, auquel effaict il en a escript aux deux ordres de la noblesse et tiers estat de la recepte dans le premier du courant et de tant que le jour quinzième de l'indiction de l'assemblée est eschen et qu'il voit lesd. ordres en l'assemblée, les requiert, conformément auxd. ordon. et délibération, procéder à la nomination de personnes d'intégrité et cappacité.

Et après que du mandement dud. s<sup>r</sup> président lecture a esté faicte de la deslibération dud. jour 24 septembre et ordonnance de mond. seigneur dud. 15 novembre prins et des délibérations et députation des susnommés, receue la déclaration desd. Labordère et Boyer pourtant que Arnaud Guilhem Espiet en leur assemblée de collecte avoit asseuré qu'en lad. dernière assemblée de recepte avoit esté résoleu que led. s<sup>r</sup> de Chavailhe pourteur dud. cayer de dénonce estoit chargé, et par le deub de son office

et à raison de lad. dénonce, de poursuivre à ses coust et despens
la restitution et réglement requis et non lad. recepte et que, par
la lecture de lad. délibération faicte à la requeste du s' Sancets,
procureur du roy, eust paru le contraire et qu'en icelle led.
Espiet eust appozé son saing ainsin que, par l'exhibition d'icelluy,
a esté recogneu par lesd. depputés.

Lesd. s'² Benquet et Brunet, par l'organe d'icelluy Benquet,
auroint faict plainte de ce que, contre les formes antiennes de la
recepte qui donnent faculté aux villes capitalles des sept collectes compozant icelle de, privativement à toutes autres, convocquer
les propriétés et villages en dépendant pour les affaires qui les
concernent, led. s' de S.-Jean-Poutge a convocqué au lieu de
Castilhon une bonne partie des propriétés dépendants de la collecte de Vic, à cause de quoy requièrent, avant tout œuvre, cassation dud. acte de convoquation et délibération y prinse avec
inhibition de ne, à l'advenir, faire semblable convocquation à peine
de nullité.

Au contraire, led. s' de S.-Jean-Poutge auroict dit qu'ayant
obtenu arrest, devant nosseigneurs du Conseilh du roy, le
13 novembre dernier, pour la conservation de l'antien fouaige ou
tariffe de lad. collecte de Vic-Fezensac, par lequel arrest, autre
arrest de la cour des Aydes de Montpellier et d'icelluy faicte par
le commissaire exécuteur demeurent cassés avec restitution d'es-
moluments pour la représentation dud. arrest qui allait directe-
ment contre lad. ville de Vic-Fezensac, ne pouvant confier les
intérest des propriétés de lad. collecte en l'assemblée qu'il auroict
convenu faire en icelle ville suivant les formes prétendues par-
led. Benquet, il auroit, devant Mᵉ Jacques de St-Martin cons. du
roy et son advocat au siège présidial d'Armagnac, convocqué,
comme scindic de la noblesse de lad. collecte, ceulx de son ordre
aud. lieu de Castilhon et pendant la tenue de l'assemblée, plusieurs depputés du tiers estat s'y estant rencontrés, la lettre dud.
s' président luy feust rendue pour le subiect de l'ordonnance de
monseigneur le gouverneur, si bien que, par occasion, il avait
requis lad. assemblée de délibérer et depputer, ainsin qu'il estoit
mandé, ce qui auroict esté faict, n'entendant par lad. délibération ou depputation avoir contrevenu auxd. formes antiennes de
tant particulièrement que led. s' de Modenx qui pourta ceste
parolle à lad. ville de Vic-Fezensac se trouve concordément
nommé et depputé par lad. ville de Vic et délibération tenue aud.
lieu de Castilhon.

Sur quoy, après avoir ouy en leurs autres diverses réquisitions et protestations lesd. parties contendantes, ensemble le s[r] de Modenx, et prinse la voix des autres six collectes, suyvant icelles a esté délibéré pour ce regard que, sans préjudice du droict desd. parties, que les nominations et depputations, lesd. s[r] Benquet, Brunet et Modenx tenants et servants pour partie une voix en lad. assemblée, à l'instar de chacune des autres collectes, il seroict procédé avec lesd. s[rs] de S.-Jean-Poutge sindic de la noblesse, Benquet, Brunet et Modenx, depputés, et qu'au surplus, suivant les formes antiennes, les sept villes capitalles des collectes composant la recette d'Armagnac convocqueront privativement à toutes autres, comme de tout temps elles sont en droict de le faire en ce que les concerne, leur collecte, selon l'exigence des cas, à peine de nullité, sauf qu'entre les villes capitalles et propriétés il y eut cause ou différent pour raison des intérests particuliers à desmesler ensemble, auquel cas tant seulement il est permis auxd. propriéttés s'assembler par ordre légitime devant un magistrat royal, ouy et présent le substitut du procureur du roy au lieu de lad. assemblée et que, pour procéder à la nomination et depputation de personnes de suffisance et prudhomie pour la poursuitte desd. deux affaires, les susd. s[rs] depputés et autres susnommés sont priés de se trouver en ce mesme lieu aux deux heures de ce jour.

Lad. heure, s'estant assemblés les susd. sieurs et encore noble Jehan de Pouy Ferrié, habitant de lad. ville d'Aux, au mesme lieu, par devant le s[r] président, en présence dud. s[r] Sancetz, procureur du roy et ouy led. s[r] Chevailhe, advocat du roy en lad. eslection sur chacun des articles de sond. cayer, ensemble sur les responces desd. officiers de l'eslection dont au verbal de M. de Vertamont, intendant de justice en Guienne, il auroict esté de nouveau trouvé, dict et résoleu concordement par tous lesd. depputés autres néanmoins que ceulx dud. Jegun, à cause du pouvoir limité par leurd. acte de délibération de leur collecte faict et passé à cause de la déclaration et parolle dud. Espiet dont cy dessus, que lad. poursuitte des restitutions et réglements doné aud. cayer estoit juste et comme très importante à la recepte, qu'elle seroit faicte aux frais et despens d'icelle et aud. effaict, par commune voix et suffrages desd. depputés unanimement, lesd. s[rs] Delong, président, et de Luppé, ont esté priés d'en voloir prendre la charge d'en faire ce voyage et frais nécessaires, aux despens de lad. recepte, où il appartiendra, assistés dud. s[r] Chavailhe, advocat, et que, pour correspondre ausd. s[rs] depputés et surveilher de dessà et succéder aux charges d'iceulx depputés sy besoin est, lesd. s^rs de Miran, de Puységur, Falagua et Brunet sont nommés et depputés, et, attendeu que l'heure estoit tarde, lesd. s^rs depputés ont esté priés de se trouver au mesme lieu à l'issue du sermon.

Adveneu le landemain 17 dud. mois et an, dans la maison de ville, par devant led. s^r président, lesd. s^rs depputés estant assemblés, ouy Joanot Gerbous sur le faict de l'arrest de la chambre des comptes dud. jour 27 septembre 1630 donné contre lesd. officiers d'eslection Grontz et Lespine sa caution, par acte du 6 décembre 1628 remis au bureau de lad. eslection et comme il a esté payé par led. de Lespine de la somme de 4.000 livres moyennant lesquelles il a esté contrainct de luy quitter, pour partie de ses advances, ung tauxat de la chambre de la somme de 4.800 l. et comme encore led. de Lespine avec lesd. officiers s'estant pourveus en la cour des Aydes de Montpellier en garantie contre la recepte et luy Gerbous et obteneu arrest pourtant indiction d'amende pour certain prétendeu transport de juridiction, il a obteneu arrest en lad. chambre pourtant cassation dud. arrest et despuis, au conseilh du roy, autre arrest du 8 juilhet 1631 pourtant descharge des assiguations données en lad. cour des Aydes de Montpellier et que l'arrest de MM. de la Chambre des Comptes seroit exécuté, lequel il a faict inthimer ausd. s^rs des Aydes, le 27 juilhet suivant, et de plus, que led. de Lespine s'estant pourveu pour lad. guarantie en lad. Chambre, par arrest, elle se seroit rendeu incompétante, sy bien que, s'estant finalement pourveu aud. conselh, il a esté donné arrest, il a esté receu à mettre pièces et encore autre arrest par lequel il a esté dit que le scindic du pays seroit ouy et appelé, auxquelles fins il Gerbous a donné requeste qui pend présentement.

Sur quoy, de commune voix, a esté délibéré que la poursuitte des abbus sera faicte au conseilh du roy et non aud. Monpellier par lesd. s^rs depputés, auxquels, pour subvenir aux frais nécessaires, tant pour les susd. deux affaires que toutes autres qui conserneront le général de lad. recepte et pais d'Armaignac, lesd. s^rs depputés fairont les emprunts des sommes nécessaires, de quoy leur est donné plein pouvoir.

Cy a esté aussy délibéré que, pour recognoistre led. s^r Gerbous de ses peynes en la poursuitte de touts affaires qu'il a négociés pour lad. recepte, l'assemblée luy ordonne la somme de 800 livres cy devant promise à Vic et outre icelle la somme de

160 livres du debet du compte de Duverme rendu au pais et les parties mises en souffrance en la closture d'icelluy, revenant led. debet et souffrance environ la somme de 800 livres, ce qu'il poursuyvra à ses périlhs et fortunes, sans espérance d'aulcuns recours ou guarantie contre lad. recepte et lesd. 800 livres premières il prandra à sesd. périlhs sur les premiers deniers bons de l'affaire contre lesd. de Lespine et Crontz.

Led. Solirène a requis à ce qu'il feust mis sur le présent verbal comme il prétend demander, pour la collecte de Fezensaguet aux six collectes restantes de la recepte, les sommes, frais et advances faictes pour le régiment de Picardie et officiers de l'armée, ainsin qu'il dict avoir esté délibéré en corps de recepte le 2 octobre 1629, n'advouant les poursuittes contre led. de Lespine, comme n'y ayant la collecte aulcung interest.

Et ainsin a esté délibéré aud. Aux, les an et jour susdicts.

*(Suivent les signatures.)*

Auch. — Imprimerie Léonce COCHARAUX, rue de Lorraine.